LES MONSIEUR MADAME vont à la ferme

MONSIEUR MADAME

Traduction : Anne Marchand Kalicky.
Édité par Hachette Livre, 58 rue Jean Bleuzen 92178 Vanves Cedex.
Dépôt légal : août 2016.
Loi n°49-956 du 16 juillet 1949 sur les publications destinées à la jeunesse.
Achevé d'imprimer par Canale en Roumanie.

LES MONSIEUR MADAME
vont à la ferme

Roger Hargreaves

Écrit et illustré par Adam Hargreaves

hachette
JEUNESSE

Monsieur Étonnant était très excité. Il venait de s'acheter une ferme.

Il avait toujours rêvé de devenir fermier.

Dans sa ferme, il y avait des vaches, des moutons, des cochons, des canards, des poules, un verger et de nombreux champs.

Le seul problème était que monsieur Étonnant ne savait absolument pas comment devenir un vrai fermier.

Il était si perdu que, le premier jour, il distribua des bols de céréales à ses vaches.

Des bols de céréales !

As-tu déjà vu quelque chose d'aussi stupide ?

Il mit un cochon dans le poulailler et le pauvre animal resta coincé !

Il remplit la mare aux canards de crème anglaise
et les pauvres oiseaux s'envolèrent !

Il dressa le chat de la ferme à garder les moutons
et tous les moutons prirent la fuite.

Un chat de berger ! Quelle drôle d'idée !

Il dressa le chien de berger à ramasser les œufs.

Ce fut une très mauvaise idée !

Il laboura son champ.

Cette idée fut pire encore !

Enfin, il voulut récolter les pommes du verger avec une scie… et coupa tous les arbres.

Bref, cette première semaine à la ferme fut catastrophique !

Comme tout allait de travers, madame Follette n'eut pas de pommes et de saucisses pour faire son gâteau aux pommes et aux saucisses.

Monsieur Glouton n'eut pas de lait pour manger ses céréales.

Il n'eut d'ailleurs même pas de céréales puisque monsieur Étonnant avait nourri les vaches avec.

12
3
6
9

Et monsieur Costaud n'eut pas d'œufs
pour son petit déjeuner.

Monsieur Costaud décida de se rendre à la ferme,
ce qui lui prit plus de temps que d'habitude car,
privé de son petit déjeuner, il se sentait un peu faible.

Il se sentait même « œufpuisé » !

Arrivé en haut de la colline où se dressait la ferme, il trouva monsieur Étonnant en train d'admirer ses champs, l'air satisfait.

– Ceci explique cela ! soupira monsieur Costaud qui décida de tout remettre en ordre.

Il commença par ramasser des œufs pour son petit déjeuner : beaucoup d'œufs pour un petit déjeuner costaud.

Ensuite, une fois qu'il eut retrouvé des forces, il remit les cochons dans la porcherie.

Il demanda à monsieur Tatillon de labourer le champ en sillons réguliers.

Il mit du foin dans l'étable.

Il chargea madame Proprette de replanter
les pommiers en rangées bien droites
dans le verger.

Puis il rassembla les moutons dans leur enclos.

Il proposa à monsieur Glouton de vider la mare aux canards, jusqu'alors remplie de crème anglaise. Monsieur Glouton ne se fit pas prier.

Et bientôt, à la ferme, tout revint à la normale.

Enfin, jusqu'à ce qu'il entende un cri provenant de l'autre côté de la haie.

– Hors jeu !

Monsieur Costaud se précipita dans cette direction et aperçut monsieur Étonnant…

… en train de jouer au tennis avec un cochon !

Décidément, le cas de monsieur Étonnant était désespérant !

RÉUNIS VITE LA COLLECTION ENTIÈRE

DES **MONSIEUR MADAME**

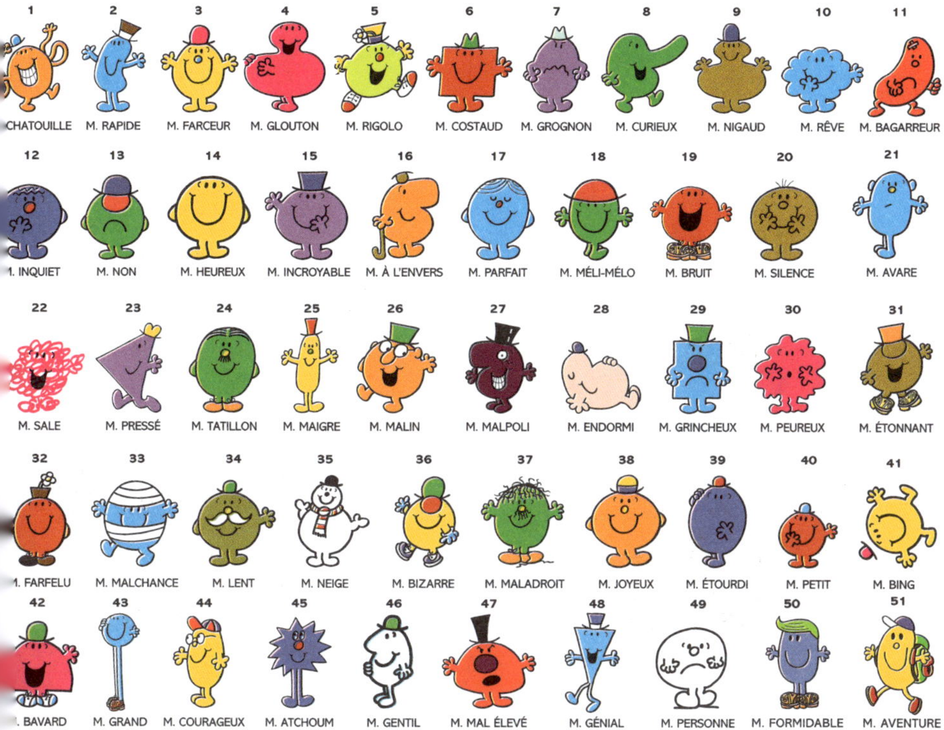

DANS LA MÊME COLLECTION :